Jasmin Lang

Aus der Reihe: e-fellows.net schüler-wissen

e-fellows.net (Hrsg.)

Band 11

Anderswelt. Religion und Seele bei den Kelten

GRIN Verlag

Bibliografische Information der Deutschen Nationalbibliothek:

Die Deutsche Bibliothek verzeichnet diese Publikation in der Deutschen National-
bibliografie; detaillierte bibliografische Daten sind im Internet über http://dnb.d-
nb.de/ abrufbar.

Impressum:

Copyright © 2012 GRIN Verlag GmbH
Druck und Bindung: Books on Demand GmbH, Norderstedt Germany
ISBN: 978-3-656-53575-1

Dieses Buch bei GRIN:

http://www.grin.com/de/e-book/264062/anderswelt-religion-und-seele-bei-den-
kelten

GRIN - Your knowledge has value

Der GRIN Verlag publiziert seit 1998 wissenschaftliche Arbeiten von Studenten, Hochschullehrern und anderen Akademikern als eBook und gedrucktes Buch. Die Verlagswebsite www.grin.com ist die ideale Plattform zur Veröffentlichung von Hausarbeiten, Abschlussarbeiten, wissenschaftlichen Aufsätzen, Dissertationen und Fachbüchern.

Besuchen Sie uns im Internet:

http://www.grin.com/

http://www.facebook.com/grincom

http://www.twitter.com/grin_com

Jasmin Lang
Schuljahr 2011/2012

16.04.2012
Blaubeuren

„Anderswelt"

Religion und Seele bei den Kelten

Seminarkurs „Geist, Seele, Gehirn"

Inhaltsverzeichnis

A. Einleitung: Die Kelten

1. Barbaren mit Zaubertrank?

Wir kennen die Kelten aus Filmen wie „King Arthur", historischen Romanen, Comics wie „Asterix und Obelix" und vielleicht noch aus dem Lateinunterricht aus Caesars „De bello gallico". Doch was wissen wir dadurch über die Kelten? Sind die Gallier, über die uns Caesar berichtet, *die* Kelten? Gehören die Germanen auch dazu? Sind die Kelten Barbaren, die nichts außer Tierfellen tragen wie die Wikinger? Glauben sie auch an Thor – oder an die Reinkarnation wie der Hinduismus? Haben Druiden nichts Besseres zu tun als in Bäumen zu sitzen und in einem großen Kessel zu rühren? Vorurteile über Vorurteile... In den folgenden Seiten werde ich versuchen einige der Rätsel um die Kelten und ihre Anderswelt zu lüften.

2. Überlieferung

a. Definition und Geschichte

Die Frage nach dem Ursprung der Kelten und der genauen Definition des Wortes „Kelten" ist unter Archäologen, Historikern, Sprachforschern und Anthropologen eine große Streitfrage. Sind die Kelten durch ihre Sprache oder durch ihre Kultur definiert? Kann man überhaupt von „den" Kelten sprechen?

Die Kelten waren schon bei den Griechen und Römern als nicht eindeutig festgelegte mittel- und westeuropäische Völkerschaft unter den Namen „Κελτοί" oder „Κέλται" (Maier 2001, S. 12) im Griechischen und unter dem Namen „Celtae" (Maier 2001, S. 12) im Lateinischen bekannt. Sie gehören der indoeuropäischen Sprachfamilie an. Fleming (1997, S. 9) zufolge entwickelte sich die keltische Sprache aus einem Dialekt, der um 1000 v. Chr. aus der indoeuropäischen Sprache und der Sprache der so genannten „Urnenfelderkultur" (Fleming 1997, S. 9) im Harz entstand. Die Urnenfelderkultur erhielt diesen Namen „wegen ihrer Bestattungsbräuche" (Fleming 1997, S. 9). Im Laufe der Zeit sprachen die Kelten viele verschiedene Dialekte dieser Sprache (vgl. Evans 1981, S. 170). Brunaux (2009, S. 12) definiert die Kelten ebenfalls als westeuropäische Volksgruppe der Eisenzeit (800-0 v. Chr.), die auch bei den anderen klassischen Hochkulturen des Mittelmeerraums bekannt war. Man ist sich also einig, dass es sich bei den Kelten nicht um *ein* Volk handelt, sondern um verschiedene Stämme (vgl. Schaper 2011, S. 20 f.). Man unterscheidet im Allgemeinen zwischen Festlandkelten (Gallier) und Inselkelten (Britannien und Irland) (vgl. Evans 1981, S. 170; Maier 2001, S. 12). Die Germanen gehören nicht zu den Kelten.

Die keltische Kultur war die erste Hochkultur nördlich der Alpen und erreichte um 250 v. Chr. ihre größte Ausdehnung, vom Atlantik bis zum Schwarzen Meer (s. Abb. 1). Die Kelten errichteten im 2. Jhd. v. Chr. die ersten „planmäßig angelegte[n] Städte" (Schaper 2011, S. 14) nördlich der Alpen nach dem Vorbild ihrer Handelspartner, den „Römer, Etrusker und Griechen" (Schaper 2011, S. 14). Sie verfügten über eine für die damalige Zeit hervorragende Technologie und Metallverarbeitung. Ab diesem Zeitpunkt spricht man heute auch von der „Latène-Kultur" (Botheroyd 1995, S. 8), aufgrund von Funden bei La Tène (s. Abb. 1). Die Kelten zeichneten sich durch ihre Tapferkeit und ihren Kampfesmut aus (vgl. Evans 1981, S. 170). 387 v. Chr. plünderten sie Rom. Ungefähr 330 Jahre später wurden sie von Caesar im Gallischen Krieg (58-50 v. Chr.) besiegt, in das Römische Reich eingegliedert und zivilisiert. Durch die erzwungene Übernahme der römischen Kultur verloren die Festlandkelten innerhalb weniger Generationen ihre Sprache und Kultur. Als Kaiser Claudius 43 n. Chr. weite Teile Britanniens eroberte und Britannien ebenfalls romanisiert wurde, konnte die keltische Sprache und Kultur nur noch von den Stämme nördlich des Hadrianswalls und in Irland bewahrt werden, weshalb das Quellenmaterial aus Irland auch das am reinsten erhaltene ist (Evans 1981, S. 170). Heute ist Irland das einzige Land, in dem Gällisch immer noch die erste Landessprache ist. (Vgl. Fleming 1997, S. 10-12; Schaper 2011, S. 14 f., S. 20 f., S. 63, S. 128 f., S. 145, S.161, S. 167 f.)

b. Antike Quellen

Die Druiden (s. 5. Druiden) haben ihr Wissen über die keltische Religion und Mythologie hauptsächlich mündlich weitergegeben. Deshalb müssen wir uns heute auf die Dokumente griechischer und römischer Zeitgenossen, christlicher Mönche und auf keltische Funde beschränken, um die Religion der Kelten zu rekonstruieren. Bei den keltischen Zeitgenossen unterscheidet man zwischen denen, die persönliche Erfahrungen mit den Kelten gemacht haben, wie zum Beispiel Gaius Iulius Caesar und der griechische Philosoph Poseidonius, und denen, die sich auf das Hörensagen verließen. Da

Griechen und Römer einmal von den Kelten angegriffen worden sind, sind diese Schriften allerdings voller Vorurteile und negativer Darstellungen, weswegen man sie mit äußerster Vorsicht behandeln muss. Die Überlieferungen der christlichen Mönche gehören zu den wichtigsten Quellen der irischen Mythologie. Es kommt jedoch oft zu Widersprüchen, wenn die Mönche versuchten verschiedene mündliche Versionen derselben Geschichte in einer zu vereinen. Die zweite wichtige Quelle, die Funde, sind ebenfalls mit Vorsicht zu behandeln, da die meisten Abbildungen aus der Zeit stammen, in der der griechisch-römische Einfluss bereits sehr stark war. Deshalb findet man zum Beispiel Abbildungen keltischer Götter in Menschengestalt, obwohl die Götter der frühen Kelten ankionisch (bildlos) und eher Naturgeister waren. (Vgl. Evans 1981, S. 170 f.; Fleming 1997, S. 49; Husain 1997, S. 20; Schaper 2011, S. 108 f.)

Ausgewertet werden diese Quellen von Historikern, Archäologen, Sprachforschern, und Anthropologen. Die Historiker interpretieren die griechischen und römischen Dokumente. Die Archäologen vergleichen und beschreiben Funde und Befunde, können sie aber nicht interpretieren. Sie haben die meisten Quellen. Sprachforscher untersuchen die wenigen erhaltenen Inschriften und Ortsnamen nach gemeinsamen Ursprüngen, um Dialekte und deren Orte herauszufinden. Die Anthropologen können anhand von Knochen feststellen, wer am Fundort aufgewachsen und wer nur zugezogen ist. Über die Wanderungsgründe können sie allerdings nur spekulieren. Die Ergebnisse dieser Forschungen ergeben oft kein sehr einheitliches Bild, weswegen wir heute über vieles immer noch nur spekulieren können. (Vgl. Schaper 2011, S. 20/22)

B. Hauptteil

1. Anderswelt

a. Allgemeines

Es gibt mehrere leicht veränderte Vorstellungen der Anderswelt bei den Kelten. Man unterscheidet für gewöhnlich zwischen der irischen und der walisischen Anderswelt. Von der Anderswelt der Festlandkelten ist leider kaum etwas überliefert, weswegen ich auf die gallische Mythologie nicht weiter eingehen werde. Die irische und die walisische Mythologie stimmen darin überein, dass die Anderswelt nicht von der Welt der Sterblichen getrennt, sondern ständig um uns herum und nur durch unsichtbare Grenzen vor uns verborgen ist (s. 4. Schwellenorte). Die Gesetzte von Zeit und Raum gelten hier nicht. In der Anderswelt gibt es zwei Gruppen von Bewohnern. Einerseits gibt es die „Oberschicht in prächtigen Fürstenhöfen" (Botheroyd 1995, S. 18). Hier gibt es einen unerschöpflichen Vorrat an Nahrung und Getränken. Es herrscht Frieden und Harmonie und es gibt keine Krankheiten oder Schmerzen. Hier leben Götter und Feen (s. 3. Götter). Andererseits gibt es aber auch Ungeheuer, Geister, Gespenster und Hexen, die in die Welt der Sterblichen vordringen können und dort großen Schaden anrichten. Die Anderswelt ist also weniger Aufenthaltsort der Verstorbenen, als vielmehr „eine der Menschenwelt parallele Geisterwelt" (Maier 2001, S. 136). (Vgl. Botheroyd 1995, S. 17 f.; Evans 1981, S. 176; Husain 1997, S. 29)

In Irland wird die Anderswelt auch „Tir na n-Og[1]" (Botheroyd 1995, S. 329; Husain 1997, S. 28) genannt, was übersetzt „Land der (ewigen) Jugend" (Botheroyd 1995, S. 329) heißt, da ihre Bewohner nicht altern. Der Herrscher der irischen Anderswelt und der Toten ist der Gott Donn, der „Dunkle" (Maier 2001, S. 64) (s. 3. b. Totengott Donn) (vgl. Botheroyd 1995, S. 88; Husain 1997, S. 31).

Die walisische Anderswelt ist auch unter dem Namen „Annwn[2]" (Botheroyd 1995, S. 19; Evans 1981, S. 176; Husain 1997, S. 31) bekannt, was sich ungefähr mit „Nichtwelt" (Botheroyd 1995, S. 19; Evans 1981, S. 176) übersetzen lässt. Ihr König ist „Arawn[3]" (Botheroyd 1995, S. 19; Evans 1981, S. 176; Husain 1997, S. 31), der das genaue Gegenteil des groben, ungeduldigen und leichtsinnigen Donns ist (vgl. Botheroyd 1995, S. 21/81).

b. Unsterblichkeit der Seele

Die Kelten „glaubten an ein Leben nach dem Tod" (Evans 1981, S. 171), aber nicht an die Reinkarnation in die Menschenwelt. Das Gerücht, die Kelten würden nach ihrem Tod in einem neuen Körper in die Menschenwelt wiederkehren, stammt von den Römern und Griechen. So erklärten sie sich die Tapferkeit und Furchtlosigkeit der Kelten.

---

[1] [tier nan wak] (Wood 2000, S. 143); Gällisch: [cheer na nog] (Anam-Aire 2008, S. 170)
[2] [annoon] (Wood 2000, S. 138)
[3] [arrown] (Wood 2000, S. 138)

7

Von Caesar ist uns überliefert, dass er darin einen „psychologischen Trick der keltischen Weisen" (Botheroyd 1995, S. 341) vermutete, wodurch „die Todesfurcht ver-
schwände" (Botheroyd 1995, S. 341; vgl. Botheroyd 1995, S. 292). Botheroyd (1995, S.
332) zufolge glaubten die Kelten, dass die Toten, die sie „Abgeschiedene[4]" (Botheroyd
1995, S. 332) nannten, sich in der Anderswelt zu einem „Festmahl der Unsterblichen"
(Botheroyd 1995, S. 341) zusammenfinden. Sie behalten dort zwar auch ihre körperli-
che Existenz bei und haben dadurch sozusagen ein weiteres Leben, können aber nicht
in die Menschenwelt zurückkehren, wie von Caesar behauptet wurde (vgl. Botheroyd
1995, S. 365). Deshalb wurden die Toten von den Lebenden behandelt, als würden sie
normal weiterleben. Der Tod wurde nur als kurzer Abschnitt in der Mitte eines langen
Lebens gesehen. Die Lebenden gaben den Verstorbenen unter anderem „vertraute
Gegenstände und Lebewesen" (Husain 1997, S. 43) mit, die ihnen den Eintritt in die
Anderswelt erleichtern sollten (s. 5. b. Totenkult). Da die Menschenwelt und die Anderswelt miteinander verbunden sind, glaubten die Kelten an eine auch nach dem Tod
existierende Verbindung zu ihren verstorbenen Ahnen (vgl. Maier 2001, S. 140).

2. *Tuatha De Danann*[5] (Volk der Göttin Danu)

Die Tuatha De Danann stammen aus der irischen Mythologie. Wörtlich übersetzt heißt
Tuatha De Danann „Volk der Göttin Danu" (Botheroyd 1995, S. 335; vgl. Evans 1981, S.
174; Husain 1997, S. 23). Danu ist eine irische Muttergottheit (vgl. Botheroyd 1995, S.
81) (s. 3. a. Allgemeines). Der Stammvater der Tuatha De Danann ist die Ahnengottheit
Dagda (vgl. Husain 1997, S. 43). In der irischen Mythologie sind die Tuatha De Danann
wunderschöne Götter, die auch als Menschen mit göttlichen Eigenschaften dargestellt
werden. In der walisischen Mythologie finden sie ihre Entsprechung in den „Kinder
Dôns" (Evans 1981, S. 174) (s. 3. a. Allgemeines). Die Tuatha De Danann lebten „auf der
nördlichsten Insel der Welt" (Evans 1981, S. 174) und erlernten dort „jede Art von Ma-
gie und Zauberei" (Botheroyd 1995, S. 81). Verbündet mit den „Fomoiri[6]" (Evans 1981,
S. 174) bzw. „Fomoier" (Botheroyd 1995, S. 128), die ebenfalls aus dem Norden ka-
men und als ein grässliches Volk von „einarmigen, einäugigen, einbeinigen" (Botheroyd
1995, S. 128; vgl. Husain 1997, S. 51) Ungeheuer beschrieben werden, fielen die Tu-

---

[4] „von der Menschenwelt Abgetrennte" (Botheroyd 1995, S. 332)
[5] [tu-atha day Danann] (Wood 2000, S. 143); Gällisch: [tooha day dannan] (Anam-Aire 2008, S. 170)
[6] vielleicht übersetzt mit „Untersee-Gespenster" (Evans 1981, S. 174)

atha De Danann in Irland ein. Unter der Führung ihres Königs „Nuadu" (Botheroyd 1995, S. 256; Evans 1981, S. 176; Husain 1997, S. 28) besiegten sie das Volk der „Fir Bolg[7]" (Botheroyd 1995, S. 125; Evans 1981, S. 174), das in Irland lebte. Als „Bres" (Botheroyd 1995, S. 48; Evans 1981, S. 174), halb Tuatha De Danann, halb Fomoiri, Nuadus Nachfolger wurde, kam es wegen Bres´ schlechter Herrschaft zu einem Krieg zwischen den beiden Völkern, den die Tuatha De Danann gewannen. Sie herrschten so lange in Irland, bis es von den „Milesiern[8]" (Botheroyd 1995, S. 232) erobert worden ist. Danach lebten sie in der Anderswelt und den *sidhe* als Elfen und Feen (s. 4. a. *sidhe*) weiter und wurden als „*aes sidhe*", „das Volk in den Hügeln" (Botheroyd 1995, S. 335), verehrt. Sie alterten nicht (Wood 2000, S. 52) und konnten sich frei zwischen der Anderswelt und der Menschenwelt bewegen (vgl. Husain 1997, S. 29), wodurch viele Mythen entstanden. (Vgl. Botheroyd 1995, S. 335; Evans 1981, S. 174 f.)

3. Götter

a. Allgemeines

Da die Quellen über die keltischen Götter nur bruchstückhaft überliefert sind, ist es nur schwer möglich, ein „einheitliches Pantheon[9]" (Maier 2001, S.73) zu rekonstruieren. Die „Erscheinungsform" und die „grundlegenden Funktionen" (Maier 2001, S. 73) lassen sich dagegen bei den meisten Göttern bestimmen. Alle Götter der Kelten haben „ihre Entsprechung in der griechisch-römischen Götterwelt" (Maier 2001, S. 86). Außerdem haben die Kelten „ein ausgebildetes Opferwesen und eine privilegierte Priesterklasse (Druiden)" (Maier 2001, S. 86) wie die Römer und Griechen.

In der älteren irischen Mythologie sind die Gottheiten keine „Götter, zu denen man betet und denen man Opfer darbringt" (Evans 1981, S. 172), sondern „Wesen ursprünglich göttlicher Natur oder dem Totenreich zugehörig und lediglich auf die ein oder andere Weise vermenschlicht" (Evans 1981, S. 172). Die griechisch-römische Religion hatte großen Einfluss auf diese Vorstellung. Dieser Einfluss zeigt sich zu Beispiel an der Götterdarstellung der Kelten, der Namensänderung keltischer Götter und an der Errichtung von „Tempeln an den Kultstätten" (Husain 1997, S. 20). In der Frühzeit

---

[7] „Männer der Säcke" (Botheroyd 1995, S. 125)
[8] ein Volk aus Spanien (Botheroyd 1995, S. 173, 232)
[9] nach Zuständigkeit oder Funktion geordnete Gesamtheit aller Götter

„schufen die Kelten keine Abbilder ihrer Götter" (Husain 1997, S. 20), sondern nur „stilisierte Gestalten" (Husain 1997, S. 20). Die realistische menschliche Darstellung kam erst durch den Einfluss der Römer und Griechen (vgl. Husain 1997, S. 20; Maier 2001, S. 74). Die Götterdarstellungen waren meist aus Holz, Stein und Metall (vgl. Botheroyd 1995, S. 140 ff.). Es sind außerdem mehrere Inschriften erhalten, in denen keltische Götternamen durch einen römischen[10] ersetzt wurden oder mit einen römischen Beinamen[11] erweitert worden sind (vgl. Maier 2001, S. 77).

Uns sind „die Namen von etwa 400 keltischen Göttern und Göttinnen" (Husain 1997, S. 20) überliefert, von denen „Dreiviertel [...] lediglich regionale Gottheiten" (Husain 1997, S. 20) waren. Diese regionalen Gottheiten hießen auch „genii loci[12]" (Husain 1997, S. 20). Sie waren oft nach dem Ort, an den sie gebunden waren benannt[13] (vgl. Maier 2001, S. 83). Die wenigen nicht ortsgebundenen Gottheiten, die in vielen keltischen Ländern verehrt wurden, „trugen oft nur allgemeine Bezeichnungen wie „Dagda" („Gottvatter") oder „Maponus" („Sohn" oder „Jüngling")" (Husain 1997, S. 20). Die meisten Gottheiten gehörten in der irischen Mythologie zu den Tuatha De Danann (s. 2. Tuatha De Danann) und in der walisischen zu den Kindern Dôns und Llyrs, den beiden gegenübergestellten Götterfamilien (vgl. Evans 1981, S. 174/176). Die wichtigsten Funktionen der Gottheiten waren die Spendung der „Fruchtbarkeit" (Maier 2001, S. 73), die „Heilfunktion" (Maier 2001, S. 74) und „Schutz und Beistand" (Maier 2001, S. 74). Einige Gottheiten hatten auch Tiere bei sich oder waren dazu imstande sich in eines zu verwandeln (vgl. Maier 2001, S. 77 ff.).

Es gibt zwei wichtige Aspekte, die in der keltischen Religion immer wieder auftauchen: Triaden und Götterpaare. Die Zahl drei war den Kelten heilig. Sie weist oft „auf besondere Macht und Potenz" (Husain 1997, S. 22) hin. Es kommt deshalb häufig vor, dass mächtige Gottheiten „zum Dreikopf werden" (Botheroyd 1995, S. 90). Außerdem kommt es vor, dass es für dieselbe Gottheit drei Namen gibt. Auch bei den Götterdarstellungen gibt es häufig Dreiergruppen, dreiköpfige Gottheiten oder die Darstellungen dreier Wesenszüge einer Gottheit (vgl. Botheroyd 1995, S. 89 f.). Götterpaare gehören

---

[10] Bsp.: „Lugus" wurde zu „Mercurius" (Maier 2001, S. 87; vgl. Husain 1997, S. 19)
[11] Bsp.: „Apollo Grannus" (Maier 2001, S. 77)
[12] „Naturgeister, die nur an einem ganz bestimmten Ort wirkten" (Husain 1997, S. 20)
[13] Bsp.: „Rhenus", „Sequana", „Matrona" (Maier 2001, S. 81; Husain 1997, S. 32) nach den gleichnamigen Flüssen

ebenfalls zur „grundsätzlichen keltischen Vorstellung" (Botheroyd 1995, S. 143). Die „Verbindung männlicher und weiblicher Gottheiten zu Götterpaaren" (Maier 2001, S. 76) begegnet uns in der keltischen Mythologie „weitaus häufiger" (Maier 2001, S. 76) als familiäre Beziehungen wie „Mutter-Tochter-Verhältnis[se]" oder „Vater-Sohn-Beziehung[en]" (Maier 2001, S. 76). „Die Zusammenarbeit des männlichen und weiblichen Prinzips" (Botheroyd 1995, S. 143) ist bei den Kelten für das „Leben in all seinen Formen und damit für den Wohlstand verantwortlich" (Botheroyd 1995, S. 143). Meistens handelt es sich nicht einmal um Ehepaare, sondern um zwei Gottheiten mit ähnlicher Funktion, die sich ergänzen und dadurch „in ihren Kräften" (Botheroyd 1995, S. 143) steigern.

Ein weiterer wichtiger Aspekt der keltischen Götterwelt ist, dass die Kelten „in allen Göttinnen, als Vertreterinnen des weiblichen Prinzips, zuerst einmal die Mutter" (Botheroyd 1995, S. 244) sahen. Das heißt, bei den Kelten ist jede Göttin automatisch auch eine Muttergöttin, „selbst wenn die mütterlichen Eigenschaften verkehrt waren wie bei den Kriegsgöttinnen, die töteten anstatt leben zu geben" (Botheroyd 1995, S. 244). Die Muttergöttinnen verkörpern Erde, Fruchtbarkeit, Gesundheit, Schutz, Liebe und Fürsorge (vgl. Botheroyd 1995, S. 245; Husain 1997, S. 23). Sie werden oft in Triaden und mit Kleinkindern dargestellt (vgl. Botheroyd 1995, S. 245). Unter den Muttergöttinnen gibt es mächtigere, wie zum Beispiel die Todesgöttin Morrigan (vgl. Husain 1997, S. 25) (s. 3. c. Kriegsgöttin Morrigan), und schwächere, wie namenlose Quellennymphen (vgl. Botheroyd 1995, S. 244). Die Muttergöttinnen Danu (irisch) und Dôn (walisisch), die zu den ältesten gehören, wurden „zu den Müttern des neuen Göttergeschlechts" (Botheroyd 1995, S. 244) (s. 2. Tuatha De Danann). Nach der Christianisierung wurden die Muttergöttinnen „entweder zu Heiligen oder zu Feenköniginnen" (Botheroyd 1995, S. 115; vgl. Botheroyd 1995, S. 244) und lebten dadurch weiter.

b. Totengott Donn

In der irischen Mythologie ist Donn „der älteste Sohn des Míl" (Botheroyd 1995, S. 88). Er besitzt den Beinamen der „Dunkle" (Maier 2001, S. 64) und ist den Sagen nach grob ungeduldig und leichtsinnig. Er konnte es kaum erwarten die Tuatha De Danann (s. 2. Tuatha De Danann) aus Irland zu vertreiben. Sein schwerwiegendster Fehler war die

Göttin Eriu zu beleidigen, „indem er sich weigerte Irland nach ihr zu benennen[14]" (Husain 1997, S. 31). Daraufhin sank Donns Schiff kurz vor der Küste Irlands. Dadurch wurde er zum „typische[n] Ahnengott" (Botheroyd 1995, S. 88), der als erster im neuen Land starb, und wurde zum Herr der Toten und der Anderswelt (s. 1. a. Allgemeines). Sein Grab auf einer „kleine[n] Felseninsel" (Maier 2001, S. 64) wurde „Tech nDuinn[15]" (Husain 1997, S. 31; Maier 2001, S. 64) genannt. Dorthin bat „er alle seine Nachkommen" (Botheroyd 1995, S. 88), die von hier „ihre Reise in die Anderswelt an[traten]" (Husain 1997, S. 31). (Vgl. Botheroyd 1995, S. 88; Husain 1997, S. 31; Maier 2001, S. 64/136)

c. Kriegsgöttin Morrigan

Die Morrigan ist „die größte negative Muttergöttin" (Botheroyd 1995, S. 88; vgl. Husain 1997, S. 25) (s. 3. a. Allgemeines). Ihr Name wird mit „Große Königin" (Botheroyd 1995, S. 240; Evans 1981, S. 174), „Alb-Königin" (Botheroyd 1995, S. 240) oder „Gespensterkönigin" (Evans 1981, S. 174) übersetzt. Sie bildet mit „Badb und Nemain" (Botheroyd 1995, S. 240; Evans 1981, S. 174) oder auch mit „Badb und Macha" (Botheroyd 1995, S. 240; Husain 1997, S. 25) eine Triade. Nach Evans (1981, S. 174) sind Badb und Nemain in diesem Zusammenhang wahrscheinlich lediglich andere Namen für Morrigan. Morrigan gehörte Husain (1997, S. 29) zufolge zu den Tuatha De Danann. Botheroyd (1995, S. 240) setzte sie dagegen mit deren Stammmutter Danu gleich. Morrigan wechselte regelmäßig von der Anderswelt in die Menschenwelt, um als Kriegsgöttin und „Herold des Todes" (Husain 1997, S. 25) in der Gestalt einer „Krähe" oder eines „Raben" (Evans 1981, S. 174; Husain 1997, S. 25/35) über die Schlachtfelder zu fliegen (vgl. Botheroyd 1995, S. 240; Husain 1997, S. 29). In der irischen Mythologie sind Krähen ein schlechtes Omen, weil die Kriegsgöttin in Krähengestalt „Krieger gegeneinander aufhetzt und über den Leichen der Gefallenen frohlockt" (Evans 1981, S. 174; Maier 2001, S. 81). Auch in der Gestalt der „Wäscherin an einer Furt" (Evans 1981, S. 174; Husain 1997, S. 35) bestimmt Morrigan über Leben und Tod von Kriegern, indem sie die „Rüstung[en]" (Evans 1981, S. 174) oder die „Leichen" (Husain 1997, S. 35) derer wäscht, die in der nächsten Schlacht sterben (Evans 1981, S. 174).

---

[14] Irland wurde letztendlich doch nach ihr benannt („Eire") (vgl. Botheroyd 1995, S. 106)
[15] „Haus des Donn" (Botheroyd 1995, S. 88; Husain 1997, S. 31; Maier 2001, S. 64)

4. Schwellenorte zur Anderswelt

a. Sidhe[16] (Feenhügel)

Die *sidhe* sind im Allgemeinen „prähistorische Grabhügel" (Husain 1997, S. 28), „Megalithgräber" (Botheroyd 1995, S. 296; vgl. Husain 1997, S. 28) oder auch auffallend geformte „natürliche Hügel" (Botheroyd 1995, S. 296) in der Welt der Menschen. Das irische Wort *sidh* bedeutet wörtlich übersetzt „(Wohn-)Sitz" (Maier 2001, S. 137) und ist vergleichbar mit dem lateinischen Wort „sedes" (Maier 2001, S. 137) und dem griechischen „ἑδος[17]" (Maier 2001, S. 137). Das Wort *sidh* kann allerdings auch für die Bewohner der *sidh* verwendet werden und steht in manchen Fällen sogar für die Anderswelt. Die männlichen Bewohner der *sidh* werden allgemein als Elfen, die weiblichen als Feen bezeichnet. Deshalb wird *sidh* auch oft mit „Elfenhügel" (Maier 2001, S. 138) oder „Feenhügel" (Botheroyd 1995, S. 296; Husain 1997, S. 28) übersetzt. Nach einer Sage hat Dagda, der Stammvater der Tuatha De Danann, jedem der Tuatha De Danann einen *sidh* als Wohnsitz geschenkt. Aber auch die Fomoiri (s. 2. Tuatha De Danann), die Abgeschiedenen (s. 1. b. Unsterblichkeit der Seele) und „bösartige, dämonische Wesen" (Botheroyd 1995, S. 296) sollen in den *sidh* leben. Die Bewohner der *sidh* werden oft unter dem Begriff *„aes sidh"* (Botheroyd 1995, S. 296; vgl. Maier 2001, S. 138), Hügelvolk, zusammengefasst. *Tech nDuinn,* das Haus des Donn (s. 3. b. Totengott Donn) ist ebenfalls ein *sidh.* Die Anderswelt und die *sidh* laufen genauso wie die Menschenwelt und die *sidh* „wie Wasserfarbkleckse ineinander über" (Botheroyd 1995, S. 296). Dadurch sind sie der wichtigste und von Helden meistgenutzte Zugang zur Anderswelt. Andersherum können Gottheiten, wie zum Beispiel Morrigan, auf diesem Weg in die Welt der Menschen gelangen, um über sie zu wachen oder deren Schicksal zu bestimmen. Nach einer weiteren Sage verweilen die Seelen der Toten für eine kurze Zeit in den *sidh* um sich auf die Weiterreise in die Anderswelt vorzubereiten. (Vgl. Botheroyd 1995, S. 296; Maier 2001, S. 138; Wood 2000, S. 60)

b. Lokalisierung

Neben den *sidh* gibt es auch noch andere Zugänge zur Anderswelt. Es konnte zum Beispiel schon ausreichen durch Nebel oder Wind zu laufen, um die Welten zu wechseln.

---

[16] [schie, schiea] (Wood 2000, S. 142)
[17] [hedos]

Häufig stehen auch Höhlen, Quellen und Seen in Verbindung mit der Anderswelt, da die Anderswelt unteranderem unter der Erde lokalisiert wurde. Seefahrer dagegen hielten Inseln und Inselgruppen, „vor allem im Westen bei Sonnenuntergang" (Botheroyd 1995, S. 17), für die Anderswelt. In der keltischen Mythologie kommt es immer wieder vor, dass sich ein Seefahrer nach einem Sturm plötzlich in der Anderswelt wiederfindet. (Vgl. Botheroyd 1995, S. 17 f.; Fleming 1997, S. 71; Husain 1997, S. 28; Wood 2000, S. 44/50)

c. Samhain[18] (Fest zum Ende des Sommers)

Das Samhain-Fest ist eines der vier hohen Feste der Kelten zu „Beginn der Jahreszeiten" (Husain 1997, S. 36). Mit dem Samhain Fest (31. Okt. – 1. Nov.) beginnt das Winterhalbjahr und gleichzeitig markiert es „das Ende des alten und den Beginn des neuen Jahres" (Maier 2001, S. 61 f.). Samhain setzt sich aus den Wörtern „sam" und „fuin" (Botheroyd 1995, S. 284) zusammen, was übersetzt „Sommers Ende" (Botheroyd 1995, S. 284) heißt. Die drei anderen hohen Feste sind das Imbolc-Fest (1. Feb.) zum Frühlingsanfang, das Beltaine-Fest (1. Mai, großes Lichtfest) und das Lugnasad-Fest (1.Aug., Erntefest). Die Nacht zwischen dem 31. Oktober und dem 1. November „wurde als zeitlich in der Luft hängend empfunden" (Botheroyd 1995, S. 284), da das alte Jahr am Tag des 31. Oktobers endet, das neue aber erst am Tag des 1. Novembers beginnt. Die Nacht dazwischen fällt also „zwischen die Zeiten" (Botheroyd 1995, S. 284). Dadurch fällt die unsichtbare Grenze zwischen der Menschenwelt und der Anderswelt. Die Abgeschiedenen, Feen und Elfen sowie „dämonische Scharen in Tier- und Menschengestalt" (Botheroyd 1995, S. 285) können in dieser Nacht ungehindert aus den *sidh* in die Menschenwelt gelangen und allerlei Unheil anrichten. Nach Botheroyd (1995, S. 285) isst man heute in Irland zum Beispiel immer noch keine wilden Früchte nach Samhain, da sie anscheinend unbekömmlich und giftig sind. Viele schlossen sich in der Samhain-Nacht in ihren Häusern ein, um von dem Unheil verschont zu bleiben. Nach der Christianisierung „wurde aus Samhain *All Hallows* oder Allerheiligen (1. Nov.), dem *All Hallows' Eve* oder *Hallowe'en* am 31. Oktober vorausging" (Husain 1997, S. 37). Es gibt also nicht nur Schwellenorte, sondern auch Schwellenzeiten, die wir heute mit Hallo-

---

[18] [savin, sowin] (Wood 2000, S. 142); Gällisch: [sow-ayn] (Anam-Aire 2008, S. 170)

ween, zum Beispiel als verkleidete Feen und Ungeheuer, und mit Allerheiligen immer noch feiern. (Vgl. Botheroyd 1995, S. 284 f.; Husain 1997, S. 36 f.; Maier 2001, S. 61 f.)

5. Druiden

a. Definition und Aufgaben

Bei den Kelten spricht man von drei Klassen, die religiöse Funktionen ausübten: die Barden (Sänger und Dichter), die *vates* (Seher, Priester und Naturphilosophen) und die Druiden. Die Druidenklasse war die ranghöchste und gelehrteste Klasse. Um die genaue Bedeutung des Wortes Druiden streiten sich die Wissenschaftler noch immer. Einige sind der Ansicht, Druide käme von „drui" (Botheroyd 1995, S. 92) oder „drys" (Brunaux 2009, S. 95), dem Wort für Eiche, und „wid" (Botheroyd 1995, S. 92; Brunaux 2009, S. 95), das dem lateinischen „videre = sehen, wissen" (Botheroyd 1995, S. 92) entspricht. Danach heißt Druide so viel wie „Eichenkundiger" (Schaper 2011, S. 107). Eine etwas neuere Ansicht ist, dass die erste Silbe des Wortes nicht von „drys" stammt, sondern nur ein „Intensivierungspartikel" (Schaper 2011, S. 107) ist. Somit wären die Druiden „sehr Gelehrte" (Schaper 2011, S. 107) oder „sehr weit Sehende" (Botheroyd 1995, S. 92). (Vgl. Botheroyd 1995, S. 92; Brunaux 2009, S. 95; Maier 2001, S. 154; Schaper 2011, S. 107)

Die Ausbildung zum Druiden oder zur Druidin dauerte für gewöhnlich „zwanzig" (Botheroyd 1995, S. 92; Fleming 1997, S. 11) Jahre. In dieser Zeit mussten sie das komplette Wissen der Druiden auswendig lernen, da die Druiden ihr Wissen nur mündlich weitergaben. Diese mündliche Weitergabe macht es uns heute sehr schwer ein unverfälschtes Bild der Druiden und der keltischen Religion wiederzugeben. Doch durch die bloße mündliche Weitergabe wurden sie auch zu den „alleinigen Hütern des Wissens" (Fleming 1997, S. 11), wodurch sie eine große Machtposition inne hatten. Als die „geistigen Führer" (Schaper 2011, S. 107) der Kelten wachten sie „über sämtliche Kultangelegenheiten" (Schaper 2011, S. 107). Sie leiteten Opfer- und andere Rituale, konnten mit den Göttern sprechen, deren Zeichen durch Vogelschau, Wolkenschau oder andere Rituale deuten und somit die Zukunft vorhersagen. Diogenes Laertius fasste die religiösen Lehren der Druiden so zusammen: „Man solle die Götter verehren, nichts Böses tun und tapfer sein." (Maier 2001, S. 153; vgl. Schaper 2011, S. 108; Wood 2000, S.

134). Doch die Druiden waren nicht nur die „geistigen Führer" (Schaper 2011, S. 107) der Kelten, sondern auch Philosophen, Lehrer, Astrologen, Mathematiker, Richter, „Vermittler zwischen kriegführenden Stämmen" (Husain 1997, S. 40) und Ratgeber der Herrscher, wodurch sie auch politisch Einfluss nehmen konnten. Es gab also kaum etwas, auf das die Druiden keinen Einfluss hatten. Das ist auch der Grund, weshalb sie unter der römischen Herrschaft verfolgt und vernichtet wurden – sie hatten einen enorm großen Einfluss auf die Kelten. In Irland existierten die Druiden bis zur Christianisierung weiter und wurden danach zu „Zauberer[n] und Hexenmeister[n]" (Botheroyd 1995, S. 93), bis sie völlig verschwanden. Das Bild, das wir heute zum Beispiel durch Comics wie „Asterix und Obelix" von den Druiden haben – alte, vergessliche Männer mit langem Bart und einer goldenen Sichel in der Hand, die auf einem Baum sitzen – wird den großen, mächtigen Führern also nur im Ansatz gerecht. (Vgl. Botheroyd 1995, S. 91 ff.; Brunaux 2009, S. 236-266; Fleming 1997, S. 11; Husain 1997, S. 38-41; Maier 2001, S. 153-158; Schaper 2011, S. 107-114)

b. Totenkult

Die Kelten kannten sowohl die Körper- als auch die Brandbestattung. Sie besaßen gemeinsame Friedhöfe und in der frühkeltischen Zeit auch Hügelnekropolen. Da uns über den Totenkult und die Riten bei einer Beisetzung kaum etwas überliefert ist, sind die archäologischen Funde hier die wichtigste Quelle. Durch sie kann man allerdings auch nur Vermutungen über die Riten anstellen. Eine der wenigen schriftlichen Quellen stammt von Caesar. Er schrieb, dass die Begräbnisse „im Vergleich zur Lebensweise der Gallier prunkvoll und aufwendig" (Maier 2001, S. 134) sind und sie alles, was „den Lebenden am Herzen lag" (Maier 2001, S. 134) mit ihm „ins Feuer" (Maier 2001, S. 134) warfen, auch Tiere. Dieses Vorgehen bestätigt uns auch die Archäologie. Man hat viele Funde in den Gräbern entdeckt. Waffen, wie Äxte, Schilde, Schwerte und Lanzen bei Männern und Schmuck, Geschirr, Kessel (s. Abb. 2) und Schalen bei Frauen. Die „besonders kostbar ausgestatteten Gräber [...] werden als Fürstengräber bezeichnet" (Botheroyd 1995, S. 334). In der frühkeltischen Zeit enthielten sie einen „vierrädrigen, in der frühen Latène-Zeit einen zweirädrigen Wagen" (Botheroyd 1995, S. 334) (s. Abb. 2). Bei einem Fürsten wurden außerdem auch „Sklaven, Hausrat und Tiere mitverbrannt" (Botheroyd 1995, S. 333). Zusätzlich wurde den Toten „Verpflegung"

(Botheroyd 1995, S. 334) mitgegeben, zum Beispiel Schweine, Rinder, Brot, Gemüse, Früchte und Haselnüsse. All diese Funde lassen darauf schließen, dass die Kelten daran glaubten, dass die Verstorbenen nach dem Tod in der Anderswelt weiterleben und dort dieselben Bedürfnisse haben wie zuvor. (Vgl. Botheroyd 1995, S. 332 ff.; Husain 1997, S. 31, S. 42 ff.; Maier 2001, S. 132 ff.; Schaper 2011, S. 111; Wood 2000, S. 134)

6. Keltisches Erbe in der heutigen Zeit

a. Phyllida Anam-Aire[19] (Druidin)

a.a. Seelenwanderung

Phyllida Anam-Aire ist eine irische Druidin, Heilerin, Schamanin und Priesterin. In ihrem Buch „Keltisches Totenbuch" berichtet sie über ihre Erfahrungen mit dem Tod und den Sterbenden und versucht durch keltische Weisheiten und dem Glaube an die Seelenwanderung die Angst vor dem Tod zu nehmen. Anam-Aire (2008, S. 25) zufolge sind wir immer im Leben, egal ob wir uns „auf der Erde oder in der geistigen Welt" (Anam-Aire, 2008, S. 30) befinden. Die geistige Welt wird von Anam-Aire (2008, S. 27) auch „Tír-na-nÓg" (s. 1. a. Allgemeines) oder „Sommerlande" genannt. Bevor die Seele in einen Körper auf der Erde ziehen kann, muss sie dem „Spirit[20]" (Anam-Aire, 2008, S. 31) versprechen, auf der Erde „eine bestimmte spirituelle Reife zu erreichen" (Anam-Aire, 2008, S. 31), bevor sie wieder in die geistige Welt zurückkehrt. Diese Reife erreicht sie, indem sich „das Erdenbewusstsein in das Bewusstsein des Schöpfers" (Anam-Aire, 2008, S. 31) integriert, also den Übergang in die geistige Form vorbereitet, annimmt und sich nicht vor dem Tod fürchtet. Doch um die Fülle der geistigen Welt voll auskosten zu können, muss man laut Anam-Aire (2008, S. 44) „viele Erdenreisen unternehmen". Der Tod wird von Anam-Aire (2008, S. 30/37) als natürlicher Übergang zwischen Inkarnation und Exkarnation aus dem Erdenbewusstsein gesehen, vor dem man sich nicht fürchten muss.

a.b. Die 5 Áite des bewussten Todes

Áite bedeutet „Bewusstseinszustand" oder „Übergang" (Anam-Aire 2008, S. 49). Anam-Aire (2008, S. 49 ff.) benutzt das Wort Áite sowohl für die Geburt als auch den

---

[19] [anam aye-rah]: „SeelenhüterIn, SeelentrösterIn" (Anam-Aire 2008, S. 169)
[20] entspricht dem Geist (Anam-Aire 2008, S. 4) oder dem Leben (Anam-Aire 200, S. 24)

Tod. Die Zeit vom Tod bis zur Reinkarnation hat Anam-Aire (2008, S. 57 ff.) in die fünf Áite des Todes eingeteilt. Hat man es geschafft vor seinem Tod die spirituelle Reife (s. 6. a.a. Seelenwanderung) zu erreichen, folgt nach dem Tod der „Friedvolle Übergang (Gestaltwechsel)" (Anam-Aire 2008, S. 57). In diesem Áite verlässt die Seele den Körper in Harmonie und „Leichtigkeit" (Anam-Aire 2008, S. 57) und wird von einem „Geistwesen" (Anam-Aire 2008, S. 57) empfangen und in die geistige Welt geführt. Das zweite Áite ist der „Ort der Ruhe (Die Sommerlande)" (Anam-Aire 2008, S. 58). Hier kann sich die Seele ausruhen. Darauf folgt das Áite des „Lebensrückblick[es] (Geschichten hören)" (Anam-Aire 2008, S. 58). Anam-Aire (2008, S. 59) zufolge erzählt uns hier das Geistwesen, das uns empfangen hat, noch einmal „die Geschichte des gerade beendeten Lebens" (Anam-Aire 2008, S. 59), die wir „voller Selbstvergebung" (Anam-Aire 2008, S. 59) im vierten Áite, dem „Ort der Projektion" (Anam-Aire 2008, S. 59) annehmen. Das fünfte und letzte Áite des Todes ist die „Vermählung von Seele und Spirit" (Anam-Aire 2008, S. 60). Hier wird, wie Anam-Aire (2008, S. 60) beschreibt, „alles schließlich in Liebe eins". Dadurch wird die Seele auf ein neues Erdenleben vorbereitet. Jetzt kann sie sich entscheiden, ob sie inkarnieren, um anderen Seelen auf der Erde zu helfen, ob sie die Seelen der Verstorbenen in die geistige Welt führen oder ob sie in der Liebe der geistigen Welt bleiben will (vgl. Anam-Aire 2008, S. 60).

b. John O´Donohue (Philosoph)

O´Donohue (2001, S. 251) ist genau wie Anam-Aire der Meinung, dass man sich vor dem Tod nicht fürchten sollte. In seinem Buch „Anam Ċara" zeigt O´Donohue (2001, S. 248), dass die Lebenden an „Raum und Zeit" gebunden sind. Egal, wie nah sich zwei Menschen sind, sie sind dennoch getrennt und werden auch durch die Liebe keine Einheit. Außerdem leben die Lebenden im Moment. Sie können nicht in die Zukunft oder die Vergangenheit wechseln. Verlässt die Seele den Körper ist sie, O´Donohue (2001, S. 249) zufolge, nicht mehr an diese Grenzen gebunden. Sie geht allerdings nicht in eine „ewige Welt [...] in unermeßliche[r] Ferne" (O´Donohue 2001, S. 249), sondern bleibt in unserer Welt, um uns herum. O´Donohue (2001, S. 249) betont hierbei besonders, dass der einzige Unterschied zwischen uns und den Toten ist, dass sie für unsere Augen unsichtbar sind. Nach O´Donohues Ansicht (2001, S. 249) gehen die Seele nach dem Tod nur in eine „andere Seinsebene" über, in der Raum und Zeit keine Rolle mehr spielen. Hier kann man sehr deutlich die Verbindung zur keltischen Anderswelt erkennen, in der sich Raum und Zeit ebenfalls von der Menschenwelt unterscheiden und die durch eine unsichtbare Grenze vor den Blicken der Menschen geschützt ist.

C. Schluss: Fazit

Zusammenfassend kann man sagen, dass die keltische Anderswelt ein Gemisch aus der christlichen Vorstellung von Himmel und Hölle, beziehungsweise der griechisch-römischen von Elysion und Unterwelt, und der Reinkarnation des Hinduismus und Buddhismus ist. Die Abgeschiedenen kehren zwar nicht mehr auf die Erde zurück, wie bei der Reinkarnation, müssen sich aber auch nicht davor fürchten in die Hölle oder die Unterwelt zu kommen. Meiner Meinung nach haben die Kelten sich das positive aus den zuvor genannten Religionen ausgesucht und den Rest weggelassen. Sie müssen sich nicht wie die Christen im Mittelalter oder die Inder ständig darum kümmern nicht in die Hölle zu kommen oder als armer oder behinderter Mensch wiedergeboren zu werden. Stattdessen werden sie ähnlich wie die Germanen in Walhalla mit ihren Vorfahren in der Anderswelt wiedervereint, haben mit ihnen dort ein weiteres, unendliches Leben, müssen keine Schmerzen ertragen und haben immer ausreichend zu essen und zu trinken. Sie haben also keinen Grund sich vor dem Tod zu fürchten, was Caesar, Anam-Aire und O´Donohue ebenfalls erkannt haben.

Als ich mich mit der keltischen Mythologie tiefer auseinandersetzte, fand ich es sehr faszinierend, wie viele Dinge mir plötzlich bekannt vorkamen. Ohne es zu wissen, benutzt man heute immer noch keltische oder aus der keltischen Mythologie stammende Begriffe wie Halloween, Irland oder Isle of Man. Auch in Romanen sind mir schon oft Personen begegnet, deren Namen, wie ich jetzt festgestellt habe, aus der keltischen Mythologie stammen. Es ist wirklich schade, dass nur ein Bruchteil von der keltischen Religion und Mythologie erhalten ist, und diese oft in verwirrenden und sich widersprechenden Versionen. Aber wer weiß – vielleicht werden die Archäologen doch noch ein paar alte keltische Dokumente finden, die uns mehr über dieser faszinierenden Religion erzählen können.

D. Anhang

1. Abbildungsverzeichnis

Abb. 1: Größte Ausdehnung des Kulturgebiets der Kelten (um 250 v. Chr.)

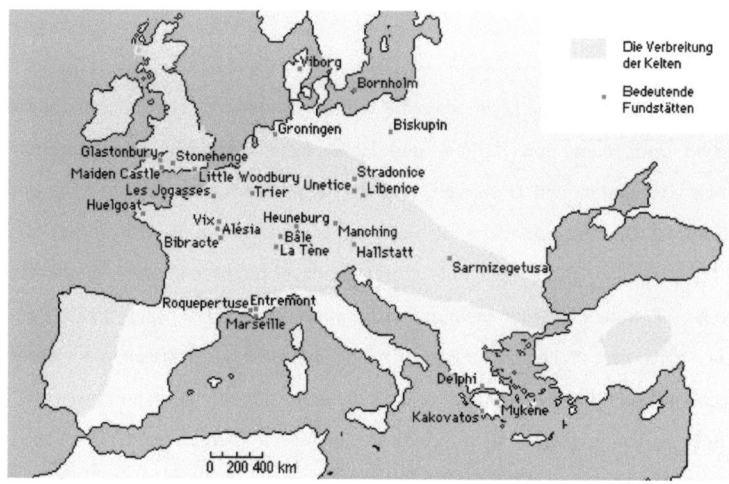

Purucker, Erwin: Die Kelten. Ursprung und Hallstadt-Kultur. In: Panoptikum.net

[http://www.fotos-reiseberichte.de/kelten; 31.03.2012]

Abb. 2: Kultwagen aus einem Fürstengrab in Österreich (6. Jhd. v. Chr.)

red (2009): Archäologie-Museum öffnet seine Pforten. In: derStandart.at

[http://derstandard.at/1252037052847/Graz-Archaeologie-Museum-oeffnet-seine-Pforten; 31.03.2012]

2. Literaturverzeichnis

Anam-Aire, Phyllida (2008): Keltisches Totenbuch. Wachen mit den Sterbenden, die Toten auf ihrem Weg begleiten. Steyr, Österreich: Ennsthaler Gesellschaft, 2. Auflage.

Botheroyd, Sylvia; Botheroyd, Paul (1995): Lexikon der keltischen Mythologie. München: Diedrichs, 2. Auflage.

Brunaux, Jean-Louis (2009): Druiden. Die Weisheit der Kelten. Stuttgart: Klett-Cotta

Evans, Emrys (1981): Die Kelten. In: Cavendish, Richard (Hrsg.): Mythologie der Weltreligionen. München: Christian Verlag, S. 170-177.

Fleming, Fergus; Husain, Shahrukh; Littleton, Scott; Malcor, Linda (1997): Mythen der Menschheit. Reise in die Anderswelt. Die Kelten. Amsterdam: Time-Life.

Maier, Bernhard (2001): Die Religion der Kelten. Götter – Mythen – Weltbild. München: Beck.

O'Donohue, John (2001): Anam Ćara. Das Buch der keltischen Weisheit. München: Deutscher Taschenbuch Verlag, 10. Auflage.

Schaper, Michael (2011): Die Kelten – Fürsten, Krieger und Druiden. Auf den Spuren einer rätselhaften Kultur. In: Geo Epoche, Heft 47.

Wood, Juliette (2000): Die Kelten. Weisheit und Mythos. Darmstadt: Bechtermünz.